AF282376

Titelbild: »Die Mühle« von Monika Eddelbüttel

Herstellung und Verlag:
Books on Demand GmbH, Norderstedt
ISBN 3-8334-1222-4

Monika Eddelbüttel

Gedichte

mit viel Gefühl, wenn Tränen und
Lächeln sich die Hände reichen.

Innigen Dank sage ich meinen Freunden:

Kommissarin Heike Pecher
Diplom Astrologin Marion Gottwald
Wirtschafterin Heidi Magalowski
Fachangestellte Jessica Janssen
meiner Seelenmutter Pilo
meinen Vermieterinnen Charlotte Hülsebus und Johanne Duif-Hiepe
Grafikdesigner Gunnar Kaufmann
Hermine, Freddy, Bärbel, Leander, Heino
Computerspezialist Werner Holtgrefe
Angestellter Gerd Bohlsen
sowie Conrad
und meinem Freund Jürgen Greve

Euer Glaube an mich gibt Stärke und Halt.

Besonderer Dank gilt meiner Lektorin, der Schriftstellerin Karen Kaufmann.

Meinen Gedichtband in den rechten Rahmen zu setzen, ihm ein passendes Äußere zu verleihen, lag in den Händen meines Freundes »Panne«.
.

Gott und Engel mögen sie beschützen.

Monika Eddelbüttel

*Dieses Buch widme ich meiner Schwester Karin,
die fest in meinem Herzen verwurzelt ist*

und meiner Schwester Erika.

Inhalt

Mein Ostfriesland

Mein Land, wie weit und flach du bist,
dass dich der Horizont fast küsst.
Wo Birken, Buchen, Ahorn, Weiden
vor deiner Schönheit sich verneigen.
Die Mühlen aus den alten Zeiten
Gemütlichkeit bei Wind verbreiten.
Das Wasser ist hier rein und klar.
Wildgänse kommen in großer Schar.
Eulen, Störche, Bussard, Krähen
kann man in Ostfriesland sehen.
Naturschutz wird hier groß betrieben,
weil wir alle Tiere lieben.
Unsre Kühe sind weltbekannt,
grasen auf saftigem Weideland.
Schafe gehören zu unserem Leben,
die den Deichen die Härte geben.
Ostfriesentee hat Tradition,
als Kleinkind trinkt man ihn hier schon.
Ein "Söpke" uns die Kälte nimmt,
wenn er durch unsre Kehle rinnt.
Das Plattdeutsche wird oft belacht,
reichlich Witze über uns gemacht.
Du bist mein Land, wo ich bleiben werde.
Ostfriesland, schönster Platz der Erde.

An alle Autofahrer

Die Prüfung ist bestanden,
der Führerschein gemacht.
Das erste Auto vor der Tür,
wer hät' es je gedacht.
Jetzt wird es Zeit zu denken,
nicht nur die Hand, nein der Verstand muss lenken.
Glaube nie, du bist wie Gott,
so fuhr sich mancher schon zu Schrott.

Immer sei's dein fester Wille,
zu fahren nur mit null Promille.

Venus, oh Göttin der Liebe

Hast mich in Liebe davongetragen.
Mich auch verletzt an vielen Tagen.

Oft mich berührt in heißen Stunden,
mehrfach in Liebeleien gefunden.

Nicht immer sind es der Menschen Triebe.
Ein jeder sehnt sich nach ewiger Liebe.

Glück

Am Samstag hofft ein jeder gern auf den Gewinn der Lottozahlen
und sieht sich dann im Geiste schon mit den Millionen prahlen.

Doch erstens kommt es anders und zweitens als man denkt.
In diesem kurzen Leben wird selten was verschenkt.

Trotz allem geht's uns gut, was wollt ihr da noch mehr.
Das Größte die Gesundheit ist, sie ist millionenschwer.

Heuchelei

Es ward ein Mann zu Grab getragen,
da weint die Frau, man hört sie klagen.

Zuhause wurd Bilanz gezogen:
Er war gemein und hat betrogen.
Kein gutes Haar lässt man ihm dann,
im Grunde war's kein guter Mann.
Wie schön, er ist von ihr gegangen.
Nun kann sie noch mal neu anfangen.
Und taugt er nichts, so weint sie dann
am Grab um ihren zweiten Mann.

Trauert nicht

Trauert nicht, weil ich gegangen,
Gottes Augen seh'n mich an.
In seiner Liebe bin ich gefangen,
mein Ende ist der Anfang nun.

Die Ewigkeit ist mir beschieden,
wurd' auserkoren noch vor euch.
Werd' euch beschützen, meine Lieben,
bis wir uns seh'n im Himmelreich.

Gedenket meiner ohne Tränen,
denn dieser Weg war mir bestimmt.
Ich wurd' erlöst von allem Leiden,
endlich die Ewigkeit beginnt.

Leben

Schwing dich hoch in die Lüfte.
Atme der Wolken Düfte.
Breite dich aus in der Natur.
Sieh das Schöne nur.

Träume den Traum aller Träume,
sei fröhlich, lache und weine.
Lass deine Seele fliegen,
wirst mit dem Herzen siegen.

Kannst durch Trauer reifen.
Wirst eines Tages begreifen,
musst nur daran denken
und keinen Tag verschenken.

Halte nicht, was vergangen,
wärest für immer gefangen.
Geh mit festen Schritten.
Verneine nicht eines Anderen Bitten.

Sei mutig im Leben,
es wird dich erheben.
Trau deinem Können.
Geh langsam, nie rennen.

Sei offen für Neues,
bevor du bereuest.
Hast alles gewonnen,
hat dein Leben begonnen.

Ich liebe

Ich liebe die Nacht, die den Morgen küsst,

die Sonne, die abends den Mond begrüßt,

den Bach, der sich in den Fluss einwindet,

bis er sich mit dem Meer verbindet,

die Nebel, die über die Felder zieh'n,

bevor sie mit dem Tau in die Lüfte entflieh'n,

Stürme, die Bäume biegsam machen,

Tauben, die wie Menschen lachen,

Schneeflocken, wenn sie sacht zur Erde schweben.

Ich liebe Gott und die Engel.

Ich sage Dank für mein Leben.

Ewigkeit

Wandere deinen Pfad entlang,
schau nach vorn, der Weg ist weit.
Du willst doch das Ziel erreichen,
bleibt dir denn noch so viel Zeit?

Wandere dem Licht entgegen,
zeig dem Nebel deinen Mut.
Geh nie einen Schritt daneben.
Frage nie, war ich nur gut?

Wandere froh mit offenem Blick.
Meide stets die Dunkelheit.
Schau nach vorn, schau nicht zurück,
dann siehst du die Ewigkeit.

Der typische Mann

Übersehen kann man ihn nicht,
er braucht das Publikum, wenn er spricht.
Seine Freude: Das Protzen und Prahlen.
Er liebt, wenn andre für ihn zahlen.

Im Sport, da ist er unschlagbar,
zu Hause meistens untragbar.
Ausreden machen ihn nicht verlegen,
das liegt an seinen gekonnten Reden.

Für ein Trinkgelage ist er immer zu haben,
ganz gleich welche Zeit, man braucht nur fragen.
In der Arbeit steht er voll seinen Mann,
zu Hause muss er schlafen dann.

Bei anderen kann er Siege verbuchen,
für die Arbeit im Haus musst du ihn suchen.
Ausnahmen bestätigen die Regel, das soll's geben.
Ich konnt' das bei keinem Mann erleben.

Handwerklich geschickt, wie ein Meister,
die Frau tapeziert, er rührt den Kleister.
Bei Renovierungen ist er verschwunden,
er braucht plötzlich Luft und zwar für Stunden.

Beim Fernsehen darf man ihn niemals stören,
dann ist er taub, kann den Ton nicht mehr hören.
So vergehen Tage, Wochen, Jahre des Lebens,
du suchst den richtigen Mann vergebens!

Die typische Frau

Ist sie noch jung, knackig und schön,
wird sie auf Männersuche geh'n.
Hat sie den Traummann endlich gefunden,
vergeht das Kribbeln durch Alltagsstunden.

Für sie wird er fad, langweilig und faul,
einst war er ein Rassehengst, nun ein lahmer Gaul.
Auch sie fängt an, sich gehen zu lassen,
das ist der Punkt, den Männer hassen.

Über alles will sie diskutieren,
statt wie früher, ihn mal zu verführen.
Nun ist sie lustlos, wenig begehrlich.
Zu Anfang war sie lustig und herrlich.

Jetzt folgen Termine bei allen Bekannten,
spricht schlecht über ihn, auch bei den Verwandten.
Von Freundinnen ist sie täglich umgeben,
für einen Mann ist das wirklich kein Leben.

Gar plötzlich will sie selber sich finden.
Das wird sie nebenbei ihm verkünden.
Scheidung ist heute kein großes Problem.
Denkt sie zurück, das Alleinsein war schön.

Die Krankheit Eifersucht kennt jede Frau.
Sie ist es niemals, sie ist zu schlau.
Mit Konkurrenz kann sie bestens umgeh'n,
sie weiß genau, sie ist sehr schön.

Jeden Mann, den sie will, gar keine Frage,
könnt sie bekommen, wär's nur für Tage.
Kalt würd's in der Welt ohne sie werden,
sie ist das Göttlichste auf dieser Erden.

So träumt sie dahin, aus ihr wird "Mann" nie schlau.
Ja, das ist typisch für eine Frau.

Ostern

Der Hase, das weiß jedes Kind,
zu Ostern bunte Eier bringt.
Sollte er's verpennen,
übernehmen's gern die Osterhennen.

An Mond und Sterne

Bevor ich abends schlafen geh',
nochmals zum Firmament ich seh'.

Der große Mond blickt ganz verträumt,
er hat sich mit der Nacht vereint.

Es glitzert, leuchtet, funkelt sehr,
das endlos weite Sternenmeer.

So kann der Traum im Schlaf mich führen,
da Mond und Sterne mich berühren.

Zufriedenheit

Zufriedenheit ist, wenn man gibt,
die Menschen und die Tiere liebt.

Bedenkt der Mensch dies alle Zeiten,
dann wird ihm Glück den Weg bereiten.

Vertreibt den Kummer uns und Pein.
Zufriedenheit kann einzig sein.

*

Das es dich gibt, ist ein Geschenk

Durch dich ertrage ich des Lebens Tiefen.
In deinen Augen sehe ich unsere Zukunft.
Du bist das größte Geschenk des Glaubens.
Wir werden die Bande der Liebe ewig teilen,
mein Kind.

Zeit

Die Zeit schmilzt wie Schnee.
Vergangenheit ade.
Wo ist die Gegenwart geblieben?
Die Zukunft wird siegen!

*

Gevatter Tod

Er rafft oft dahin in grausamen Stunden.
Erlöst so manchen von schmerzenden Wunden.
Er schenkt nicht Trost bei endlosem Leiden.
Er lässt nie Zeit, uns selbst zu entscheiden.
Er ist von Geburt an in jedem Leben.
Er wird im Jenseits Frieden geben.

Das Blatt

Ein Blatt vom Winde wird bewegt,
bis es ganz sacht zur Erde schwebt.
Da liegt es nun und wartet stumm,
bis es verfault im Grase.

*

Der Baum

Der Tischler zu dem Baume spricht:
Du wirst ein schöner, schlanker Tisch.

Ein Tisch, das wollt' der Baum nicht sein,
drum ging er vorher ganz schnell ein.

Letzte Heimat

Das Sterben wird uns lehren,
den Tod zu lieben.
Bin nicht mehr hier,
bin endlich drüben,
wo Gottes Liebe mich berührt.

So ist das Jenseits nun das Land,
wo ich die ew'ge Heimat fand.

Fragen

Oft stell' ich mir die Frage: War das alles im Leben?
Bin ich unersättlich?

Oft glaube ich Anderen mehr als mir.
Bin ich deshalb unklug?

Ich besitze weniger als meine Freunde.
Bin ich gierig?

Ich sage Ja und meine Nein und zweifle.
Dann bin ich menschlich.

Menschlichkeit

Verzage nie, wenn der Tag nicht in deinem Sinne verläuft,
denn daraus lernst du.
Verspotte keinen Anderen, weil du es besser hast,
denn damit züchtest du Feinde.
Sag nie einem Menschen, er sei schlecht,
denn mit den Worten wärest du es selbst.
Sage nie Ja, wenn du Nein meinst,
das macht dich verwundbar.

Das liebe Geld

Das Geld ist heute nichts mehr wert,
das Leben viel zu teuer.
Will man ein wenig sparen,
dann frisst es auf die Steuer.

*

Was würde ich tun

Was würde ich tun, wenn du mir kein Lächeln schenkst,
wenn du meine Sorgen nicht mehr teilst
oder dich traurig abwendest, alles in Frage stellst
oder gar zornig wirst,
wenn dein Treueid ein Meineid wird?

Ich müsste Gott um ein Wunder bitten.

Weihnachtsvorfreude

Hektik kehrt nun bei uns ein.
Man putzt und macht jetzt alles fein.
Das große Fest steht uns bevor.
Bald öffnet sich das Himmelstor.

Über Kinderwünsche wird beraten,
auch über's Trinken und den Braten.
Und wer uns noch besucht zum Fest,
dadurch wird man noch mehr gestresst.

Was schenk' ich diesmal meinem Mann?
Man grübelt, ist verzweifelt dann.
Vielleicht ein Hemd, Krawatte gar,
ich denke, das wäre wunderbar.

So überlegt man Tag und Nacht,
wird gar um seinen Schlaf gebracht.
Den Baum für's Fest beinah vergessen,
die Familie ist darauf versessen.

Jetzt harrt man diesem Tag entgegen.
Ist er vorbei, was für ein Segen.
Doch plötzlich fällt mir ein,
Sylvester wird bald sein.

Dann geht es los mit Knall und Lärm,
Geschrei und Jubel, nah und fern.
Feste feiern, Jahr für Jahr?
Auf einmal ist Vorfreude da.

Kinderzeit

Glückliche Kindheit, bist schnell vergangen,
ach könnt' ich nochmals neu anfangen.
Mit dir gingen Spiel und Träume fort,
jetzt zählt für mich ein andrer Hort.
Möchte gern die Tage wieder seh'n.
Oh Kinderzeit, wie warst du schön.

Eine Sternschnuppe

Sie fällt vom Himmel,
wie eine tanzende Puppe.
Viele sehen sie, die Sternschnuppe.
Was man sich wünscht,
soll in Erfüllung gehen.
Man muss nur bitten,
es wird geschehen.
Mein Wunsch war nicht groß,
eher ganz klein:
Nach meinem Tod möcht' ich eine Sternschnuppe sein.

Weihnachten kann auch anders sein

Das Weihnachtsfest rückt näher schon,
die Hektik steigt in jedem Haus.
Das Kleine schreit, es nervt der Sohn.
Am besten ist, man schickt sie raus.

Jetzt kann die Mutter endlich backen,
den Stollen für das große Fest.
Oh, schade, er ist angebrannt!
Nun er sich nicht mehr essen lässt.

Der Vater, wo ist er geblieben?
Es soll doch bald Geschenke geben.
Traf er denn Nachbar Franz von drüben?
Die sind wohl schnell noch einen heben.

So warten wir der Zeit entgegen,
wo Freude nur im Haus soll klingen.
Erkältung haben alle vier.
Wer soll bloß "Stille Nacht" heut singen?

Es ist so weit, im Lichterschein
erstrahlt ein Bäumchen winzig klein.
Der Vater hat zur Weihnachtszeit
sich selbst und auch den Wirt erfreut.

Die Kinder schau'n betroffen drein,
als Geschenk gab's nur ein Kerzelein.
Die Mutter steht in Schürze da
Und singt ganz laut: Halleluja!

Trümmerfrauen

Der Krieg fordert seinen Tribut:
Verzichtet, geschuftet, gedarbt.
Frauen wurden zu Witwen.
Die Wunden bis heut nicht vernarbt.

Kinder ohne Väter
mühsam zu Bürgern gemacht,
Deutschland aufgebaut.
Das haben die Trümmerfrau'n vollbracht.

Das Land sich wieder stolz erhob,
zu schnell in Eitelkeit versank,
vergaß man doch durch Hochmut bald,
der Frauen gebührenden Dank.

Versprochen wurde viel,
ein Bruchteil nur geblieben.
Vergesst nie, ohne Trümmerfrau'n,
würd' das Land in Schutt und Asche liegen.

Drum beugt das Haupt,
den Frauen Respekt gegeben!
Haltet euer Versprechen,
lasst heute sie in Würde leben.

Gemeinsamkeit

Lass uns gemeinsam den Weg gehen,
so wie das Meer sich in Ruhe wiegt,
den Stürmen nicht entrinnen kann,
sich ausbreitet dem Ufer entgegen,
eins ist mit der Welt.
So soll unser Weg sein.

Winterzeit

Ich freu' mich auf die Winterzeit,
wo all die Wälder so verschneit.
Mag groß und kleine Tannenbäume.
Erinnern mich an Kinderträume.
Auch lieb' ich kalte, klare Luft,
zuhaus den milden Kerzenduft,
die braunen, rauhen Tannenzapfen
und ausgeback'ne Zuckerkrapfen.
Für mich ist es die größte Freud',
wenn endlich kommt die Winterzeit.

Einsicht

Am Anfang ist die Lieb' was feines.
Man nennt sich Bärchen, Mausi, Kleines.
Mit Jahren wird so manchem klar,
dass es ein großer Irrtum war.

Frieden

*Es spricht vom Frieden
jedes Wesen.*

*Sie sehen fern
und sind belesen.*

*Sie reden viel
und über jeden.*

*So wird es
niemals Frieden geben.*

Treue

Ein Bettler seines Weges zieht,
die Hand führt seinen treuen Hund.
Gemeinsamkeit verbindet sie
bis in des Herzens Grund.

So zieh'n sie Jahr für Jahr einher,
der eine ist des andren Freud.
Zusammen mildert es die Not,
die Treue hilft im Leid.

Die kleine Bank am Wegesrand
gewährt den beiden Ruh.
Der Bettler hält im Arm den Hund,
schließt seine Augen zu.

Der Hund blickt traurig auf den Freund,
erfüllt von Dankbarkeit.
Sein letzter Atemzug verlischt,
sie gehen heim zu zweit.

Der Bettler ist ein König jetzt
in Gottes Himmelreich.
An seiner Hand führt er den Hund.
Vor Gott sind alle gleich.

Wie es euch gefällt

Ein kleines, zartes Blümelein
wächst traurig vor sich hin.
Kein Wand'rer sieht der Farben Pracht,
die aus den Knospen blüh'n.

Die Zeit ist reif, ein Blümelein
erstrahlt in voller Pracht.
Die Traurigkeit dem Stolze weicht,
sie ist die "Königin der Nacht".

Gekauft werden Blumen,
die groß und teuer sind.
Gar Düfte weit verbreiten
und deren Namen klingt.

Was lehrt uns Menschen
dies' Gedicht:
Pflückt Blumen,
kauft sie nicht!

Der Wunsch

Ein Junggeselle ist allein.
Ein Ehemann möchte dies jetzt sein.
Hätt' er geheiratet nicht schnelle,
wär' immer er noch Junggeselle.

Die Dumme

Im Kellerloch sitzt eine Maus,
doch da will sie sogleich heraus.

Sie springt mit einem Satze,
genau vor's Maul der Katze.

Wär sie im Loch geblieben,
so wär' sie nicht verschieden.

Letzter Wille

Wenn mich das Leben einst verlässt,
dann bin ich endlich ausgestresst
und hab' verdient die Ruhe
in meiner hölzern Truhe.
Ich bitt' euch, seid schön stille.
Das ist mein letzter Wille.

Wir

Trenne dich vom Ich.
Nimm an das Du.
Im Wir kannst du Erfüllung finden.

*

Glück und Leid

Die Hochzeit ward mit Prunk bereitet.
Die Scheidung hat nur Streit verbreitet.

Kampf

Jeder Tag ist ein Kampf um Liebe.

So wird sie nie gleichgültig,
freudlos,
herrisch,
einengend,
tränenreich,
betrügerisch,
verlassend.

Liebe, die auch in der Zukunft lebt.

Die Welt

Wenn alle Mütter sich vereinen.

Jegliche Gewalt an Kindern verneinen.

Wenn Vätern und Söhnen Kriege missfallen.

Dann gehört Gottes Welt uns allen.

Natur im Staub

Wenn die Natur im Staub zerfällt,
alle Tiere ausgerottet sind,
Winde zu Orkanen werden,
die Wüsten versinken,
die Erde erbebt,
Gottes Gebote am Himmel verglühen.

Dann haben wir ausgelebt.

Kurze Frist

Schnell vergeht die Zeit des Lebens:
Gib dein Bestes!

Dein Lebensweg ist eine Bestimmung Gottes:
Nimm ihn dankbar an!

Geh aus den Tiefen gestärkt hervor,
dann erkennst du die Höhen.

Am Ende deiner Lebensreise blick in Demut zurück:
Die Wunder des Lebens sind zeitlos!

Vom Kind zum Greis

Spute dich nicht so, mein Kind.
Zu schnell wir erwachsen sind.

Erfahrungen kommen Schritt für Schritt.
Die Jahre bringen die Reife mit.

Jeder Augenblick ist ohne Wiederkehr,
wünschst du es auch noch so sehr.

Darum spute dich nicht, mein Kind:
Das Alter kommt geschwind, geschwind.

Mein Rheiderland

Winter streift durch´s Rheiderland.
Schnee und Sturm reicht sich die Hand.
Vögel all davongeflogen.
Wiesen glitzern Reif durchzogen.
Felder, Äcker werden weiß.
Äste neigen sich vom Eis.
Bäche sich verträumt bewegen.
Nachts küsst dich des Mondes Segen.
Kalter Hauch der Atemluft.
Kurzer Tag, die Nacht früh ruft.
Ruh´ umhüllt die Jahreszeit,
so, als wär's schon Ewigkeit.
Rheiderland im Wintertraum,
bist gar herrlich anzuschaun.

Liebesleid

Mein Herz hat einer mitgenommen,
die Seele ist dabei zerronnen.

Die Liebe ist nur Wort geblieben,
gar oft gesagt und gern geschrieben.

Doch ernst genommen wurd´ sie nie,
zurück bleibt nur noch Fantasie.

Ich leb´ nun in Vergangenheit,
versink´ in meiner Traurigkeit.

Chaos

Der Tag will sich der Nacht verbinden

ein Stern sich in den Mond einwinden

Kometen auf der Erde leben

der Lichtstrahl in das Meer entschweben

Erdbeben würden Berge zwingen

die Nachtigall wird nie mehr singen

das Pferd versucht den Mensch zu reiten

Natur kann nur noch Chaos verbreiten

der Krieg will nie ein Ende sehen

und alles Leben würd´ vergehen

Planetengeflüster

Mein Neptun

Bin eine Fische-Frau und Neptun, mein Planet,
mir Illusionen verleiht - mancher Traum nie vergeht.

Den Tränen lasse ich freien Lauf,
setz aber bald ein Lächeln auf.

Schaukle hin und her, wie die Wellen,
oftmals träge, dann flink wie Gazellen.

Mein Herz ließ sich mit Geld nicht besiegen.
Freunde werd´ ich niemals betrügen.

Schenk allen Tieren mein großes Herz.
Leid bereitet mir seelischen Schmerz.

Tief in mir bin ich Kind geblieben:
Traum und Realität sich oft verschieben.

Komm´ nie ganz klar mit der lauten Zeit,
zieh´ mich zurück in die Einsamkeit.

Mit einem Mann hatte ich nie lange Glück,
weil ich jeden in Liebe erdrück´.

Ich liebe dich Neptun, mein Planet.
Durch dich in mir nie die Sehnsucht vergeht.

Mondliebe

Ein Liebesgedicht will ich dir schreiben.
Dein Glanz soll immer in mir bleiben.

Ich träum´ vom Mann im Mond sogar,
in meinem Traum sind wir ein Paar.

Bewachst mich des Nachts, lächelst mir zu,
bist in der Dunkelheit meine Ruh´.

Du bist der Einzigste für mich.
Mein Mond, ich liebe dich.

Sterne

Sternenzauber bringt mich zum Träumen,
vor Glück könnte ich überschäumen.

Habt immer Gutes im Gefunkel,
erstrahlt so hell, verdrängt das Dunkel.

Ihr leuchtet hell für alle Zeit.
Das ist mein Traum von Ewigkeit.